भगवान बुद्ध ने बयालीस अध्याय कहाँ है

गोलू कुमार

क्रम-सूची

1

बुद्ध ने बयालीस अध्याय कहा

विश्व-सम्मानित व्यक्ति ने आत्मज्ञान प्राप्त कर लिया है, और वह इस तरह सोचता है: इच्छा से मुक्त होना और स्थिर रहना सबसे अच्छा है। महान ध्यान में रहो, और राक्षसों के मार्ग पर उतरो। लुई गार्डन में, उन्होंने चार आर्य सत्यों का पहिया घुमाते हुए काओ चेनरू सहित पांच लोगों को बचाया और पथ के फल को महसूस किया। फिर से, सभी संदेह हैं जो भिक्खु ने बुद्ध से प्रगति और समाप्ति के लिए कहते हुए कहा। धन्य एक सिखाता है, एक के बाद एक ज्ञानोदय। वादे का सम्मान करने के लिए अपनी हथेलियों को एक साथ रखें, और डिक्री का पालन करें। बुद्ध ने कहा: रिश्तेदारों को अलविदा कहो और साधु बनो, दिल को जानो और जड़ तक पहुंचो, और निष्क्रियता के नियम को समझो, इसे साधु कहा जाता है। हमेशा ढाई सौ उपदेशों का अभ्यास करें, और प्रगति को शुद्ध करें और रुकें। चार सच्चे पथों का अभ्यास करें और एक अर्हत बनें। अरहंत उड़ने और बदलने में सक्षम हैं, उनके पास एक लंबा जीवन काल है, और दुनिया को जीने और स्थानांतरित करने में सक्षम हैं। अगला अनाहेम है। अपने जीवन के अंत में अनघन उन्नीस दिनों तक जीवित रहेगा। अरिहंत का प्रमाण। अगला स्टोहन है। स्टोहन, इसे एक बार और सभी के लिए लौटा दो, और तुम इसे पाओगे अरहंत।

इसके बाद सु तू हुआन है। सात मृत्यु और सात जन्मों वाला सुधुआन अरिहंत बन जाता है। जो काटना चाहता है, वह कटे हुए अंग के समान है, नहीं इसका पुन: उपयोग करें। बुद्ध ने कहा: जो लोग भिक्षु बन जाते हैं, उन्हें प्रेम करने की अपनी इच्छा को काट देना चाहिए, अपने हृदय के स्रोत को समझना चाहिए, बुद्ध के गहन सत्य को समझना चाहिए और निष्क्रियता के नियम को समझना चाहिए। अंदर कुछ नहीं, बाहर कुछ नहीं भीख मांगना। दिल ताओ से जुड़ा नहीं है, और यह पूरा नहीं हुआ है। कोई विचार नहीं, कोई कार्य नहीं, कोई साधना नहीं, कोई प्रमाण नहीं। मुझे आपकी परवाह नहीं है, लेकिन मैं खुद की सबसे ज्यादा प्रशंसा करता हूं। मार्ग कहा जाता है। बुद्ध ने कहा: बाल और दाढ़ी मुंडवाओ और भिक्षु बनो, और जो धर्म को प्राप्त करते हैं, मृतकों की संपत्ति, वे पर्याप्त पाने के लिए भीख माँगते हैं। दिन के बीच में एक भोजन, एक रात पेड़ के नीचे, अधिक सावधान न रहें! जो लोगों को मूर्ख बनाते हैं वे प्रेम और वासना हैं। बुद्ध ने कहा: सत्व दस चीजों को अच्छा मानते हैं, और वे दस चीजों को भी बुरा मानते हैं। दस क्या है? तन तीन, मुख चार, मन तीन। शरीर तीन, मारो लूट। चार प्रकार के मुंह हैं दोहरी जीभ, बुरे शब्द, झूठ और चापलूसी वाले शब्द। इसका अर्थ है तीन, ईर्ष्या और मूर्ख। यदि ये दस बातें पवित्र मार्ग पर न चलें, दस बुरे कर्म। यदि बुराई समाप्त हो जाती है, तो इसे दस अच्छे कर्म कहा जाता है। बुद्ध ने कहा: लोगों की कई गलतियाँ हैं, लेकिन उन्हें इसका पछतावा नहीं है, और उनके दिल शांत हैं। जब शरीर में पाप आते हैं, तो वे समुद्र में लौटते पानी की तरह होते हैं, जो धीरे-धीरे गहरा और चौड़ा होता जाता है। अगर किसी के पास है आत्म-समझ और आत्म-समझ, बुराई को ठीक करना और अच्छा करना, पाप अपने आप समाप्त हो जाएगा; यदि आप बीमार हैं और पसीना आ रहा है, तो आप धीरे-धीरे ठीक हो जाएंगे और आपके कान खराब हो जाएंगे। बुद्ध ने कहा: जब बुरे लोग अच्छी बातें सुनते हैं, तो वे उन्हें परेशान करने के लिए आते हैं, आपको सांस लेना बंद कर देना चाहिए, और आपको कोई क्रोध और दोष नहीं होना चाहिए। जो लोग बुरे लोगों के पास आते हैं, वे उनसे नफरत करेंगे। बुद्ध ने कहा: कुछ लोग सुनते हैं कि मैं ताओ रखता हूं और बड़ी दया करता हूं, इसलिए वे

बुद्ध को डांटते हैं। पूर्व गलत है। जब उसने शाप देना बंद कर दिया, तो उसने पूछा, "मैं शिष्टाचार के साथ लोगों की बात मानता हूँ, यदि लोग इसे स्वीकार नहीं करते हैं, तो क्या बच्चे में शिष्टाचार वापस आ जाना चाहिए? उसने कहा: घर जाओ! बुद्ध ने कहा: यह बच्चा मुझे डांटता है, मैं इसे अभी स्वीकार नहीं करता, बच्चा आत्म-प्रवृत है और बच्चे को दोष देता है। ! यह अभी भी ध्वनि के प्रति प्रतिक्रिया करता है, छाया आकार का अनुसरण करती है, और अंत में इससे कोई पलायन नहीं होता है, सावधान रहें कि बुराई न करें। बुद्ध ने कहा: जब दुष्ट बुद्धिमान को नुकसान पहुंचाते हैं, तो वे आकाश की ओर देखते हैं और थूकते हैं, लेकिन वे आकाश तक नहीं पहुंचते हैं, और वे गिर जाते हैं; धूल हवा के खिलाफ फेंकी जाती है, और धूल उन तक नहीं पहुंचती है, और यह अभी भी थूकता है। स्वयं। सदाचारी का नाश नहीं हो सकता, दुर्भाग्य स्वयं को नष्ट कर देगा। बुद्ध ने कहा: दाओ को जानना और प्यार करना, ताओ को समझना मुश्किल होगा; इच्छा रखना और ताओ का पालन करना, दाओ बहुत महान है। बुद्ध ने कहा: लोगों को दाव देते हुए देखकर, उन्हें आनन्दित होने में मदद करें, और महान आशीर्वाद प्राप्त करें। तपस्वी ने पूछा, "क्या यह आशीर्वाद समाप्त हो गया है?" बुद्ध ने कहा: आग की मशाल की तरह ,हजारों लोग बाँटने के लिए मशालों का उपयोग करते हैं, और पका हुआ भोजन भूतों को दूर करता है।यह मशाल पहले की तरह है, आशीर्वाद भी वही है। बुद्ध ने कहा: एक अच्छे व्यक्ति को खाने की तुलना में सौ दुष्टों को खाना बेहतर है, एक हजार अच्छे लोगों को खाना उतना अच्छा नहीं है जितना कि पांच उपदेशों को रखना; पांच उपदेशों को खाना, यह उतना अच्छा नहीं है जितना कि चावल का एक सुधाहन, चावल का दस लाख सूदन चावल के एक स्टोहन जितना अच्छा नहीं है, चावल का एक हजार स्टोगन चावल के एक अनाहम जितना अच्छा नहीं है; एक सौ मिलियन अनाहं एक अरहंत जितना अच्छा नहीं है; एक अरब अरहंत एक प्रत्याकबुद्ध जितना अच्छा नहीं है; दस अरब प्रत्यक्षबुद्ध चावल की तरह अच्छे नहीं हैं यह एक या तीन पीढ़ियों के बुद्धों की तरह है; करोड़ों तीन पीढ़ियों के बुद्ध उतने अच्छे नहीं हैं, जिनके पास कोई विचार नहीं है, कोई स्थायी नहीं है, कोई साधना नहीं है, और कोई प्रमाण

नहीं है। बुद्ध ने कहा: लोगों को बीस कठिनाइयाँ होती हैं। गरीबों को देना कठिन है, कुलीनों से दाव सीखना कठिन है, प्राण त्यागना कठिन है, मरना कठिन है, बौद्ध धर्मग्रंथों को देखना कठिन है, और जीना कठिन है बुद्ध जगत में। कठिनाई, वासना सहना, कठिनाई, कठिनाई न माँगना, अपमानित होना, लज्जित न होना, यदि आप सत्ता में हैं तो कठिनाई का सामना न करना, कठिनाई यदि आप चीजों की परवाह नहीं करते हैं, तो व्यापक रूप से सीखना कठिन है मेरे धीमेपन से छुटकारा पाना मुश्किल है, इसे हल्के में नहीं लेना मुश्किल है लेकिन इसे सीखना नहीं है, मन और कर्म में बराबर होना मुश्किल है, सही और गलत कहना मुश्किल है, मुश्किल है ज्ञान में अच्छा है, और प्रकृति को देखना और रास्ता सीखना मुश्किल है। लोगों को बचाने के लिए परिवर्तन का पालन करना मुश्किल है, बिना हिले-डुले स्थिति को देखना मुश्किल है, और सुविधा को समझना मुश्किल है। तपस्वी ने बुद्ध से पूछा: भाग्य जानने और उसका अंतिम मार्ग जानने का क्या कारण है? बुद्ध ने कहा: यदि आप अपने मन को शुद्ध रखते हैं और अपनी आकांक्षाओं को बनाए रखते हैं, तो आप दाव तक पहुंचने में सक्षम होंगे। जैसे दर्पण पीस , गंदगी दूर हो जाती है और अस्तित्व स्पष्ट हो जाता है, इच्छा कट जाती है और कोई इच्छा नहीं होती है, और यह भाग्य होना चाहिए। तपस्वी ने बुद्ध से पूछा: अच्छा क्या है? सबसे बड़ा कौन सा है? बुद्ध ने कहा: जो ताओ का अभ्यास करते हैं और सत्य का पालन करते हैं, वे अच्छे हैं, और जिनकी आकांक्षाएं ताओ के साथ जुड़ी हुई हैं, वे महान हैं। तपस्वी ने बुद्ध से पूछा: कौन अधिक शक्तिशाली है? सबसे स्पष्ट कौन सा है? बुद्ध ने कहा: अपमान सहना अधिक शक्तिशाली है, बुराई को आश्रय न दें, और सुरक्षा और स्वास्थ्य में वृद्धि करें। कोई बुराई नहीं निंजा , सम्मान किया जाना चाहिए। हृदय की मलिनता बुझ गई है, और वह शुद्ध और दोषरहित है, जो सबसे स्पष्ट है। कोई स्वर्ग और पृथ्वी नहीं है, लेकिन यह आज है, सभी दस दिशाओं में कुछ भी नहीं है। सब कुछ देखना, सब कुछ न जानना, सब कुछ सुनना, सब ज्ञान प्राप्त करना, यह स्पष्ट कहा जा सकता है! बुद्ध ने कहा: एक व्यक्ति जो प्रेम की इच्छा रखता है और ताओ को नहीं देखता है, वह एक साफ पानी की तरह है,

जब आप इसे अपने हाथों से हिलाते हैं, और जब सभी एक साथ आते हैं, तो इसकी छाया देखने वाला कोई नहीं होता है। के साथ लोग प्रेम और इच्छा आपस में जुड़े हुए हैं, और हृदय अशांत और उत्तेजित है, इसलिए कोई उपाय नहीं है। हे साधुओं, तृष्णा का त्याग करो। जब वासना चली जाती है, तो ताओ दिखाई देता है! बुद्ध ने कहा: एक आदमी जो ताओ को देखता है, वह मशाल लेकर अंधेरे के कमरे में प्रवेश करने जैसा है। अंधेरा बुझ जाता है, लेकिन प्रकाश अकेला होता है। जब आप ताओ को सीखते हैं और सत्य को देखते हैं, तो अज्ञान मर जाएगा। , और मिंग हमेशा मौजूद है! बुद्ध ने कहा: मेरे धर्म में कोई विचार नहीं है, कोई कर्म नहीं है, कोई शब्द नहीं है, कोई अभ्यास नहीं है। जो इसे जानते हैं वे निकट हैं, और जो खो गए हैं वे दूर हैं! भाषण जब दाव टूट जाता है, तो वह चीजों से बंधा नहीं होता है, और यह उससे केवल एक इंच दूर है, और इसे खोने में एक पल लगेगा। बुद्ध ने कहा: दुनिया को देखो और बहुत सोचो। दुनिया को देखो और बहुत सोचो। आध्यात्मिक जागरूकता की जागरूकता, यानी बोधि। ज्ञान है तो बीमार हो जाओगे! बुद्ध ने कहा: आपको अपने शरीर में चार महान चीजों के बारे में सोचना चाहिए, जिनमें से प्रत्येक का अपना नाम है, लेकिन उनमें से कोई भी स्वयं नहीं है। मेरे पास भी नहीं है, यह एक प्रेत कान की तरह है! बुद्ध ने कहा: लोग अपनी इच्छाओं का पालन करते हैं और प्रसिद्धि चाहते हैं, यदि प्रतिष्ठा बकाया है, तो शरीर मृत है! संसार के सामान्य नाम का लोभ करना और मार्ग न सीखना व्यर्थ है। उदाहरण के लिए, धूप जलाना, हालांकि लोग धूप को सूंघते हैं, धूप जलती है! खतरनाक आग, और उसके बाद। बुद्ध ने कहा: धन और सुंदरता लोगों में है, और लोग हार नहीं मानेंगे। उदाहरण के लिए, यदि चाकू के ब्लेड में शहद होता है, तो यह भोजन के रूप में सुंदर नहीं होता है, यदि कोई बच्चा इसे चाटता है, तो यह उसकी जीभ काट देगा। भुगतना। बुद्ध ने कहा: एक आदमी अपनी पत्नी के घर से बंधा होता है, जेल से ज्यादा। जेल से छूटने का समय है, और उसकी पत्नी को दूर रहने की कोई इच्छा नहीं है। रंग में प्यार, दूर ड्राइव करने से डरो मत! हालांकि बाघ के मुंह का खतरा है, वह अपने दिल में गिरने को तैयार है, खुद को कीचड़ में फेंक रहा है और खुद को डूब रहा है, इसलिए उसे

एक साधारण आदमी कहा जाता है। इस दरवाजे के माध्यम से, धूल से अरहत। बुद्ध ने कहा: प्रेम सेक्स से ज्यादा कुछ नहीं है। कामवासना एक इच्छा है, इसकी महानता और कुछ नहीं बल्कि एक है। यदि दोनों एक ही हैं, तो पूरी दुनिया के लोग अक्षम हो जाएंगे ताओवादी के लिए। बुद्ध ने कहा: लोगों के लिए प्यार और इच्छा मशाल के साथ हवा के खिलाफ चलने के समान है, और आपके हाथ जलने का खतरा होगा। देवताओं ने बुद्ध की इच्छा को नष्ट करने के लिए बुद्ध को एक जेड लड़की की पेशकश की। बुद्ध ने कहा: चमड़े की थैली गंदी है, तुम यहाँ क्या कर रहे हो? जाओ! मुझे नहीं करना है। भगवान अधिक पूजनीय हैं, प्रश्न के कारण। जब बुद्ध ने इसकी व्याख्या की, तो उन्हें सुदक का फल प्राप्त हुआ। बुद्ध ने कहा: एक आदमी जो ताओवादी है वह पानी में एक पेड़ की तरह है, जो चलने के लिए प्रवाह की तलाश में है। जलडमरूमध्य के दोनों किनारों को मत छुओ, लोगों द्वारा नहीं लिया जाए, भूतों और देवताओं से आच्छादित न हो, इसके लिए नहीं प्रवासी धारा भ्रष्ट नहीं है, और मैं गारंटी देता हूं कि यह पेड़ समुद्र में चला जाएगा। जो लोग ताओ सीखते हैं वे वासना से मोहित नहीं होते हैं, न ही वे बुरी आत्माओं से विचलित होते हैं, लगन से कुछ मत करो, मैं गारंटी देता हूं कि यह व्यक्ति निश्चित रूप से मार्ग को प्राप्त करेगा। बुद्ध ने कहा: अपनी इच्छा पर विश्वास मत करो, तुम पर भरोसा नहीं किया जा सकता। सावधान रहें कि रंग से न मिलें, यह आपदा लाएगा। एक बार जब आप एक अरहंत प्राप्त कर लेते हैं, तो आप पर भरोसा किया जा सकता है अर्थ। बुद्ध ने कहा: सावधान रहें कि महिलाओं की ओर न देखें, और एक साथ बात न करें। वक्ता से बात करो तो ठीक से सोचो: मैं वैरागी हूं, अशांत दुनिया में, मुझे ऐसा होना चाहिए कमल का फूल गंदगी नहीं है। बड़े को माँ, बड़ी को बड़ी बहन, छोटी को छोटी बहन और छोटे को पुत्र के रूप में समझें। मन से मुक्त जन्म, निरोध बुरे विचार। बुद्ध ने कहा: एक व्यक्ति जो ताओवादी है, वह घास से ढके होने के समान है, और उसे आग से बचना चाहिए। यदि ताओवादी इच्छा देखता है, तो उसे इसे दूर रखना चाहिए। बुद्ध ने कहा: कुछ लोग वेश्यावृत्ति से पीड़ित हैं और अपनी यिन को काटना चाहते हैं। बुद्ध ने कहा: यदि आप यिन को काटते हैं, तो मन को काट देना बेहतर

है। दिल मालिक की तरह होता है, मालिक होता है अगर यह रुक जाता है, तो सभी अनुयायी आराम करेंगे। बुरा दिल नहीं रुकता, यिन को तोड़ने से क्या फायदा? बुद्ध ने एक श्लोक कहा: अपने मन में जन्म लेने की इच्छा, विचार से जन्म लेने की मन, दो मन सब स्थिर हैं, न रूप हैं, न कर्म हैं। बुद्ध के शब्द: यह श्लोक कश्यप बुद्ध ने कहा है। बुद्ध ने कहा: लोग प्रेम और इच्छा से बढ़ते हैं, और भय चिंता से। अगर तुम प्रेम से अलग हो, तो चिंता की क्या बात है? बुद्ध ने कहा: एक आदमी जो ताओ है वह दस हजार लोगों के खिलाफ लड़ने वाले आदमी की तरह है। कवच पहनकर और बाहर जाना, इरादा कायराना हो सकता है, या आधा रास्ते पीछे हटना, या लड़ाई मरो, या जीतो। तपस्वी ताओवाद सीखता है, उसे अपने दिल में दृढ़ रहना चाहिए, मेहनती और साहसी होना चाहिए, भविष्य से डरना नहीं चाहिए, और सभी राक्षसों को नष्ट करना चाहिए, ताकि वह प्राप्त कर सके दाओ फल। तपस्वी ने रात में बुद्ध कश्यप की विरासत के सूत्र का पाठ किया, उनकी आवाज उदास थी, और उन्हें पछतावा हुआ और वे पीछे हटना चाहते थे। बुद्ध ने उनसे पूछा, "जब आप घर पर थे, तो आपका कर्म क्या था? सही कहा: पियानो बजाना पसंद है। बुद्ध यान: डोरी धीमी कैसे होती है? उत्तर है: कोई आवाज नहीं! जियानजी कैसी है? उत्तर है: आवाज चली गई है! जल्दी में कैसे? उसने उत्तर दिया: सभी ध्वनियाँ सार्वभौमिक हैं! बुद्ध ने कहा: ताओ सीखने वाले तपस्वी के लिए भी यही सच है, अगर मन को समायोजित किया जाए, तो ताओ को प्राप्त किया जा सकता है। रूओ दाओ हिंसक, हिंसक है वह थक गया है। अगर उसका शरीर थक गया है, तो इसका मतलब है कि वह गुस्से में है। इरादा नाराज़ हो तो कार्रवाई चली जाएगी। एक बार जब उसके कर्म वापस ले लिए जाएंगे, तो उसके पाप जुड़ जाएंगे। लेकिन साफ अनिल, रास्ता नहीं खोया है। बुद्ध ने कहा: यह उस आदमी की तरह है जो लोहे को गढ़ता है, मैल को एक बर्तन में निकालता है, और बर्तन ठीक है। जो लोग ताओ का अध्ययन करते हैं, वे हृदय की मलिनता से मुक्त हो जाते हैं, और अभ्यास शुद्ध हो जाएगा। बुद्ध ने कहा: जब लोग बुरे रास्ते को छोड़ देते हैं, तो इंसान होना मुश्किल है। अब जब आप एक पुरुष हैं, तो पुरुष के लिए महिला होना मुश्किल है।

एक आदमी के रूप में, छह इंद्रियां पूरी तरह से कठिन हैं। छह दोनों का है, चीन में पैदा होना मुश्किल है। चूंकि वह चीन में पैदा हुआ था, इसलिए वह बुद्ध के जीवन की परेशानी के लायक है। चूंकि यह बुद्ध की दुनिया के लायक है, इसलिए ताओ का सामना करने वालों के लिए यह मुश्किल है। आत्मविश्वास हासिल करना मुश्किल . एक बार जब आत्मविश्वास बढ़ जाता है, तो बोधिचित्त मन को उत्पन्न करना कठिन होता है। एक बार बोधिचित्त उत्पन्न हो जाने के बाद, इसकी खेती करना मुश्किल है और इसका कोई प्रमाण नहीं है। बुद्ध ने कहा: बुद्ध का पुत्र मुझसे हजारों मील दूर है। यदि आप मेरे उपदेशों को याद करते हैं, तो आप निश्चित रूप से ताओ का फल प्राप्त करेंगे। मेरे पक्ष में, यद्यपि मैं अक्सर मुझे देखता हूं, यदि मैं मेरे उपदेशों की अवहेलना करता हूं, तो मैं समाप्त हो जाऊंगा बिलकुल नहीं। बुद्ध ने तपस्वी से पूछा: मानव जीवन कितने कमरे हैं? उसने कहा: कुछ दिन। बुद्ध ने कहा: बेटा नहीं जानता। एक जादूगर से फिर से पूछो: कितने जीवन हैं? ? उत्तर है: भोजन कक्ष। बुद्ध ने कहा: बेटा नहीं जानता। एक साधु से फिर से पूछो: कितने जीवन हैं? उत्तर है: श्वास। बुद्ध के शब्द : अच्छा, मेरा बेटा यह जानता है! बुद्ध के शब्द: बौद्ध धर्म का अध्ययन करने वालों को बुद्ध जो कुछ भी कहते हैं उसे मानना और मानना चाहिए। जैसे शहद खाना बीच में मीठा होता है, मेरे शास्त्र एक ही हैं। बुद्ध ने कहा: मार्ग का तपस्या बैल को पीसने जैसा नहीं है; यद्यपि शरीर उस मार्ग का अभ्यास करता है, मन नहीं करता है। यदि हृदय का मार्ग किया गया है, तो आचरण के मार्ग का क्या उपयोग है। बुद्ध ने कहा: एक पति जो एक ताओवादी है, वह एक बैल की तरह है जो भार वहन करता है। गहरी कीचड़ में चलते हुए मैं इतना थक गया था कि बाएँ और दाएँ देखने की हिम्मत नहीं हुई, जब मैं कीचड़ से निकला तो आराम कर सका। साधुओं को कीचड़ की बजाय वासना को देखना चाहिए। अगर आप सीधा सोचते हैं, तो आप दुखों से बच सकते हैं। बुद्ध ने कहा: मैं राजकुमार की स्थिति को ऐसे मानता हूं जैसे कि धूल के अंतराल से गुजर रहा हो। मलबे की तरह सोने और जेड के खजाने को देखो। कपड़ों के आधार पर यह रूमाल की तरह होता है। जितना बड़ा हजारों दुनिया एक हेक्स की तरह हैं। अमू तालाब

के पानी को ऐसे समझो जैसे तुम पैर का तेल लगा रहे हो। सुविधा के दरवाजे पर निर्भर करता है, जैसे कि Huabaoju। सबसे अच्छा देखना, जैसे सपना सोना पा. अपने सामने फूल की तरह बौद्ध धर्म के मार्ग को देखो। ध्यान को देखना सुमेरु के स्तंभ के समान है। निर्वाण को दिन और रात की तरह देखें। उल्टा देखो, छह ड्रैगन नृत्य की तरह . समानता को जैसा है वैसा ही समझो। ज़िंगहुआ के रूप में, जैसे लकड़ी के चार मौसम। बुद्ध ने कहा: लोग अपनी इच्छाओं का पालन करते हैं और प्रसिद्धि चाहते हैं, यदि प्रतिष्ठा बकाया है, तो शरीर मृत है! संसार के सामान्य नाम का लोभ करना और मार्ग न सीखना व्यर्थ है। उदाहरण के लिए, धूप जलाना, हालांकि लोग धूप को सूंघते हैं, धूप जलती है! खतरनाक आग, और उसके बाद। बुद्ध ने कहा: धन और सुंदरता लोगों में है, और लोग हार नहीं मानेंगे। उदाहरण के लिए, यदि चाकू के ब्लेड में शहद है, तो यह भोजन की सुंदरता के लिए पर्याप्त नहीं है, यदि कोई बच्चा इसे चाटता है, तो यह उसकी जीभ काट देगा। बुद्ध ने कहा: एक आदमी अपनी पत्नी के घर से बंधा होता है, जेल से ज्यादा। जेल से छूटने का समय है, और उसकी पत्नी को दूर रहने की कोई इच्छा नहीं है। प्यार रंग में है, दूर जाने से मत डरो! हालांकि बाघ के मुंह का खतरा है, वह अपने दिल में गिरने को तैयार है, खुद को कीचड़ में फेंक रहा है और खुद को डूब रहा है, इसलिए उसे एक साधारण आदमी कहा जाता है। इस दरवाजे के माध्यम से, धूल से अरहत। बुद्ध ने कहा: प्रेम सेक्स से ज्यादा कुछ नहीं है। कामवासना एक इच्छा है, इसकी महानता और कुछ नहीं बल्कि एक है। यदि दोनों एक ही हैं, तो पूरी दुनिया के लोग दाव होने में असमर्थ होंगे। बुद्ध ने कहा: लोगों के लिए प्यार और इच्छा मशाल के साथ हवा के खिलाफ चलने के समान है, और आपके हाथ जलने का खतरा होगा। देवताओं ने बुद्ध की इच्छा को नष्ट करने के लिए बुद्ध को एक जेड लड़की की पेशकश की। बुद्ध ने कहा: चमड़े की थैली गंदी है, तुम यहाँ क्या कर रहे हो? जाओ! मुझे नहीं करना है। देवता अधिक आदरणीय हैं, क्योंकि वे अर्थ मांगते हैं। जब बुद्ध ने इसकी व्याख्या की, तो उन्हें सुदक का फल प्राप्त हुआ। बुद्ध ने कहा: एक आदमी जो ताओवादी है वह पानी में एक पेड़ की तरह है, जो चलने के लिए प्रवाह की तलाश में

है। जलडमरूमध्य के दोनों किनारों को न छूना, लोगों द्वारा नहीं लिया जाना, भूतों और आत्माओं से आच्छादित नहीं होना, अशांत धाराओं का निवास न होना और दूषित न होना, मैं गारंटी देता हूं कि यह लकड़ी समुद्र में चली जाएगी। एक व्यक्ति जो ताओ सीखता है, वह वासना से धोखा नहीं खाता है, और बुरी आत्माओं से विचलित नहीं होता है। वह मेहनती और निष्क्रिय है। मैं गारंटी देता हूं कि यह व्यक्ति निश्चित रूप से ताओ को प्राप्त करेगा। बुद्ध ने कहा: अपनी इच्छा पर विश्वास मत करो, तुम पर भरोसा नहीं किया जा सकता। सावधान रहें कि रंग से न मिलें, यह आपदा लाएगा। एक बार जब आप एक अर्हत प्राप्त कर लेते हैं, तो आप अपनी इच्छा पर भरोसा कर सकते हैं। बुद्ध ने कहा: सावधान रहें कि महिलाओं की ओर न देखें, और एक साथ बात न करें। यदि आप वक्ता से बात करते हैं, तो ठीक से सोचें: मैं एक वैरागी हूं, एक अशांत दुनिया में, कमल के फूल की तरह, मैला नहीं। बड़े को माँ, बड़ी को बड़ी बहन, छोटी को छोटी बहन और छोटे को पुत्र के रूप में समझें। मन से जियो, बुरे विचारों को बुझाओ। बुद्ध ने कहा: एक व्यक्ति जो ताओवादी है, वह घास से ढके होने के समान है, और उसे आग से बचना चाहिए। यदि ताओवादी इच्छा देखता है, तो उसे इसे दूर रखना चाहिए। बुद्ध ने कहा: कुछ लोग वेश्यावृत्ति से पीड़ित हैं और अपनी यिन को काटना चाहते हैं। बुद्ध ने कहा: यदि आप यिन को काटते हैं, तो मन को काट देना बेहतर है। दिल एक मेधावी काओ की तरह है, मेधावी काओ एक पड़ाव की तरह है, और सभी अनुयायी आराम करेंगे। बुरा दिल नहीं रुकता, यिन को तोड़ने से क्या फायदा? बुद्ध ने यह श्लोक कहा: यदि आप अपने मन में पैदा होना चाहते हैं, तो आपका मन आपके विचारों से पैदा होता है, और दोनों मन शांत हैं, न तो रूप और न ही क्रिया। बुद्ध के शब्द: यह श्लोक कश्यप बुद्ध ने कहा है। बुद्ध ने कहा: लोग प्रेम और इच्छा से बढ़ते हैं, और भय चिंता से। अगर तुम प्रेम से अलग हो, तो चिंता की क्या बात है? बुद्ध ने कहा: एक आदमी जो ताओ है वह दस हजार लोगों के खिलाफ लड़ने वाले आदमी की तरह है। जब आप अपने कवच के साथ बाहर जाते हैं, तो आप डरपोक हो सकते हैं, या आधे रास्ते से पीछे हट सकते हैं, या लड़ सकते हैं और मर सकते हैं, या जीत सकते हैं और वापस लौट

सकते हैं। एक साधु जो ताओ सीखता है, उसे अपने दिल में रहना चाहिए, मेहनती और साहसी होना चाहिए, भविष्य से डरना नहीं चाहिए, सभी राक्षसों को नष्ट करना चाहिए और ताओ का फल प्राप्त करना चाहिए। तपस्वी ने रात में बुद्ध कश्यप की विरासत के सूत्र का पाठ किया, उनकी आवाज उदास थी, और उन्हें पछतावा हुआ और वे पीछे हटना चाहते थे। बुद्ध ने उनसे पूछा, "जब आप घर पर थे, तो आपका कर्म क्या था? उन्होंने कहा: मुझे पियानो बजाना बहुत पसंद है। बुद्ध यान: डोरी धीमी कैसे होती है? उत्तर है: कोई आवाज नहीं! जियानजी कैसी है? उत्तर है: आवाज चली गई है! यह कैसे जल्दी में चल रहा है? उसने उत्तर दिया: सभी ध्वनियाँ सार्वभौमिक हैं! बुद्ध ने कहा: ताओ सीखने वाले तपस्वी के लिए भी यही सच है, अगर मन को समायोजित किया जाए, तो ताओ को प्राप्त किया जा सकता है। यदि दाओ हिंसक है, तो हिंसक समाप्त हो जाएगा। अगर उसका शरीर थक गया है, तो इसका मतलब है कि वह गुस्से में है। इरादा नाराज़ हो तो कार्रवाई चली जाएगी। एक बार जब उसके कर्म वापस ले लिए जाएंगे, तो उसके पाप जुड़ जाएंगे। लेकिन शुद्ध और खुश, ताओ खोया नहीं है। बुद्ध ने कहा: यह उस आदमी की तरह है जो लोहे को गढ़ता है, मैल को एक बर्तन में निकालता है, और बर्तन ठीक है। जो लोग ताओ का अध्ययन करते हैं, वे हृदय की मलिनता से मुक्त हो जाते हैं, और अभ्यास शुद्ध हो जाएगा। बुद्ध ने कहा: जब लोग बुरे रास्ते को छोड़ देते हैं, तो इंसान होना मुश्किल है। अब जब आप एक पुरुष हैं, तो पुरुष के लिए महिला होना मुश्किल है। एक आदमी के रूप में, छह इंद्रियां पूरी तरह से कठिन हैं। छह संकाय होने के कारण, चीन में पैदा होना मुश्किल है। चूंकि वह चीन में पैदा हुआ था, इसलिए वह बुद्ध के जीवन की परेशानी के लायक है। चूंकि यह बुद्ध की दुनिया के लायक है, इसलिए ताओ का सामना करने वालों के लिए यह मुश्किल है। ताओ से मिलने के बाद आत्मविश्वास हासिल करना मुश्किल है। एक बार जब आत्मविश्वास बढ़ जाता है, तो बोधिचित्त मन को उत्पन्न करना कठिन होता है। एक बार बोधिचित उत्पन्न हो जाने के बाद, इसकी खेती करना मुश्किल है और इसका कोई प्रमाण नहीं है। बुद्ध ने कहा: बुद्ध का पुत्र मुझसे हजारों मील दूर है। यदि आप मेरे उपदेशों को याद करते

हैं, तो आप निश्चित रूप से ताओ का फल प्राप्त करेंगे। मेरे चारों ओर, हालांकि मैं अक्सर मुझे देखता हूं, अगर मैं अपने उपदेशों का पालन नहीं करता, तो मैं इसे नहीं कर पाऊंगा। बुद्ध ने तपस्वी से पूछा: मानव जीवन कितने कमरे हैं? उसने कहा: कुछ दिन। बुद्ध ने कहा: बेटा नहीं जानता। एक साधु से फिर से पूछो: कितने जीवन हैं? उत्तर है: भोजन कक्ष। बुद्ध ने कहा: बेटा नहीं जानता। एक साधु से फिर से पूछो: कितने जीवन हैं? उत्तर है: श्वास। बुद्ध ने कहा: अच्छा, मेरे बेटे को पता है! बुद्ध के शब्द: बौद्ध धर्म का अध्ययन करने वालों को बुद्ध जो कुछ भी कहते हैं उसे मानना और मानना चाहिए। जैसे शहद खाना बीच में मीठा होता है, मेरे शास्त्र एक ही हैं। बुद्ध ने कहा: मार्ग का तपस्या बैल को पीसने जैसा नहीं है; यद्यपि शरीर उस मार्ग का अभ्यास करता है, मन नहीं करता है। यदि हृदय का मार्ग किया गया है, तो आचरण के मार्ग का क्या उपयोग है। बुद्ध ने कहा: एक पति जो एक ताओवादी है, वह एक बैल की तरह है जो भार वहन करता है। गहरी कीचड़ में चलते हुए मैं इतना थक गया था कि बाएँ और दाएँ देखने की हिम्मत नहीं हुई, जब मैं कीचड़ से निकला तो आराम कर सका। साधुओं को कीचड़ की बजाय वासना को देखना चाहिए। अगर आप सीधा सोचते हैं, तो आप दुखों से बच सकते हैं। बुद्ध ने कहा: मैं राजकुमार की स्थिति को ऐसे मानता हूं जैसे कि धूल के अंतराल से गुजर रहा हो। मलबे की तरह सोने और जेड के खजाने को देखो। कपड़ों के आधार पर यह रूमाल की तरह होता है। विशाल हजारों लोकों को देखकर यह बिच्छू के समान है। अमू तालाब के पानी को ऐसे समझो जैसे तुम पैर का तेल लगा रहे हो। सुविधा के दरवाजे पर निर्भर करता है, जैसे कि Huabaoju। श्रेष्ठ के रूप में, यह एक सपने की तरह है जिनपा। अपने सामने फूल की तरह बौद्ध धर्म के मार्ग को देखो। ध्यान को देखना सुमेरु के स्तंभ के समान है। निर्वाण को दिन और रात की तरह देखें। छह ड्रैगन नृत्य की तरह उल्टा देखो। समानता को जैसा है वैसा ही समझो। ज़िंगहुआ के रूप में, जैसे लकड़ी के चार मौसम।